This DC trip planner belongs to:

_____

School name _____

Rooming with _____

Departure to DC _____

Date   Time

Arrival to DC _____

Date   Time

Departure from DC _____

Date   Time

Arrive home _____

Date   Time

Bus # _____

Lodging | Staying at _____

_____

Motor coach info _____

Tour Leader _____

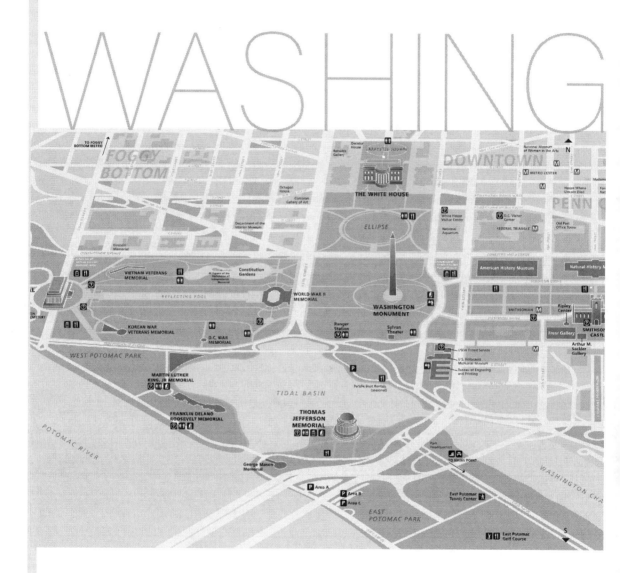

TON DC

LEGEND

- ⓘ Information
- 🍴 Refreshments
- 🛍 Souvenirs
- 🅿 Parking
- 🚻 Restrooms
- 🏊 Swimming

- 📖 Bookstore
- 🎟 Ticket Booth
- ⛱ Picnic Area
- Ⓜ Metro Station
- ⋯⋯ Tourmobile route
- ● Tourmobile stop

TOURMOBILE SIGHTSEEING
Narrated shuttle tour between sites

Visit the National Mall, Union Station
and Arlington National Cemetery.

9:30 a.m. – 4:30 p.m. daily
(202) 554-5100   *tourmobile.com*
Tickets available from drivers.

Don't forget to: _____

_____

_____

_____

_____

_____

_____

_____

Important Rules/Info: _____

_____

_____

_____

_____

_____

_____

_____

_____

_____

What to bring

- _____
- _____
- _____
- _____
- _____
- _____
- _____
- _____
- _____
- _____
- _____
- _____
- _____
- _____
- _____
- _____
- _____
- _____
- _____
- _____
- _____
- _____
- _____
- _____
- _____
- _____

DOODLES

WORD SEARCH

```
O  I  K  A  I  O  Y  N  V  J  L  Z  C  Q  T
X  H  G  P  T  S  T  O  R  X  H  I  L  L  B
H  O  N  E  I  M  Z  S  B  G  J  U  L  S  K
Z  U  A  G  V  I  Z  R  B  B  W  R  D  T  V
Y  S  T  Q  X  T  D  E  P  M  J  G  P  Y  X
Q  E  I  W  F  H  X  F  N  O  E  V  J  G  F
I  U  O  H  K  S  Z  F  B  N  L  I  O  F  H
E  S  N  K  L  O  Q  E  Q  U  I  H  K  A  R
O  D  A  V  G  N  V  J  Y  M  N  W  D  M  M
E  R  L  W  H  I  T  E  K  E  C  Y  O  X  K
Q  O  K  R  Z  A  C  Z  Q  N  O  R  F  T  P
U  F  N  K  U  N  C  S  N  T  L  Z  Z  D  M
W  A  S  H  I  N  G  T  O  N  N  S  D  E  S
T  V  C  F  K  U  V  I  I  O  E  N  M  J  E
V  E  O  S  K  O  L  A  A  V  B  O  W  R  E
D  L  F  F  V  O  M  P  I  J  R  Z  T  A  I
X  R  G  Q  D  S  W  H  O  I  B  A  L  M  O
L  O  T  I  P  A  C  J  A  Q  E  T  L  T  K
F  N  M  P  E  R  Q  L  S  H  S  N  A  S  M
N  G  J  J  A  E  P  J  T  S  V  N  M  Q  P
```

SMITHSONIAN
WHITE
HOUSE
JEFFERSON
MEMORIAL
NATIONAL
ARCHIVES
CAPITOL
HILL
FORDS
THEATRE
WASHINGTON
MONUMENT
MALL
LINCOLN

Tic Tac Toe

Day 1 Itinerary

Time   Place

_____   _____

_____   _____

_____   _____

_____   _____

_____   _____

_____   _____

_____   _____

_____   _____

_____   _____

_____   _____

_____   _____

_____   _____

_____   _____

_____   _____

_____   _____

What I liked about the bus ride:

_____

_____

Where we stopped for lunch:

_____

_____

What was the weather like?

_____

_____

What was the funniest thing that happened on the bus?

_____

_____

What snacks I ate:

_____

_____

Who I sat with:

_____

_____

Where we ate dinner:

_____

My favorite memory for the day:

_____

_____

Day 2 Itinerary

Time

Place

What I had for breakfast:

_____

_____

What's the weather like?

_____

_____

I am feeling:

_____

_____

Where we went today:

_____

_____

_____

My favorite place we visited:

_____

_____

Where we ate lunch:

_____

The most interesting thing I learned today:

_____

_____

_____

Where we ate dinner:

_____

_____

My favorite memory for the day:

_____

_____

_____

Day 3 Itinerary

Time

Place

What I had for breakfast:
_____

_____

What's the weather like?
_____

_____

I am feeling:
_____

_____

Where we went today:
_____

_____

My favorite place we visited:
_____

_____

Where we ate lunch:
_____

The most interesting thing I learned today:
_____

_____

Where we ate dinner:
_____

_____

My favorite memory for the day:
_____

_____

Day 4 Itinerary

Time

Place

What I had for breakfast:

_____

_____

What's the weather like?

_____

_____

I am feeling:

_____

_____

Where we went today:

_____

_____

_____

My favorite place we visited:

_____

_____

Where we ate lunch:

_____

The most interesting thing I learned today:

_____

_____

_____

Where we ate dinner:

_____

_____

My favorite memory for the day:

_____

_____

_____

Day 5 Itinerary

Time

Place

Friends I hung out with:

_____

_____

My most favorite memory on the trip:

_____

_____

_____

Souvenirs I bought:

_____

_____

_____

Fun facts I learned:

_____

_____

My favorite memory at the hotel:

_____

Favorite place we had dinner:

_____

How has this trip changed me?

_____

_____

What I learned on this trip about history:

What I learned about myself:

Autographs from my friends, veterans, & famous people

DOODLES

WORD SEARCH

```
W G A P A I D M H K S M Q Q U
P C Y E A H G N Z I L M U P O
Z R W N G X G X J V G T C N L
H U B T C I M M E M O R I A L
F O K A J H J T F C Z W A W Q
A V L G U P N E C A P S S E R
M R V O G Y S W Q M O U N T C
Z V L N C Y W G N D M N U A G
S F G I O A F V Z A M N M W V
B L B L N X U L R U R O V E M
K G C B S G L S E L T E R Q P
T M O Z T G T S T O M N T P K
F A N N I J U O P R O C R E U
N W G Z T M U Y N N Y Q O Z V
F C R H U S U R K J I N G R N
B X E K T V J Y R A R B I L Z
O L S H I X N S A V D A L D J
D T S P O R F D A Y O N K U L
Z I S K N J H P M S G R O S Z
C D W K Q F Q H W M R K J B U
```

LIBRARY
CONGRESS
HOLOCAUST
MEMORIAL
PENTAGON
POTOMAC
MOUNT
VERNON
CONSTITUTION
ARLINGTON
VETERAN
SPACE
MUSEUM

Tic Tac Toe

Made in the USA
Las Vegas, NV
04 March 2024

86724592R00015